DES POUVOIRS

DE LA CHAMBRE

DES REPRÉSENTANS,

ET

DE L'USAGE QU'ELLE EN A FAIT.

PAR M. DUCHESNE, DE GRENOBLE,

MEMBRE DE LA CHAMBRE.

A PARIS,

Chez
LAURENS-BEAUPRÉ, LIBRAIRE, PALAIS-ROYAL,
GALERIE DE BOIS, N° 218.
DELAUNAY, LIBRAIRE, PALAIS ROYAL, GALERIE
DE BOIS.

1815.

DES POUVOIRS

DE LA CHAMBRE

DES REPRÉSENTANS,

ET

DE L'USAGE QU'ELLE EN A FAIT.

La chambre des représentans vient de terminer son existence politique ; elle a été dissoute par la force, et elle va être remplacée par une nouvelle chambre des députés.

Dans cet état de choses, elle devait s'attendre à être calomniée : des écrivains qui ont tour à tour encensé Napoléon et Louis XVIII, qui ont successivement plaidé la cause du despotisme et de la liberté ; de pareils écrivains auraient démenti leur caractère si, en parlant de la chambre des représentans dispersée et en quelque sorte proscrite , ils s'étaient renfermés dans les bornes d'une juste modération.

Aussi la chambre des représentans n'était-elle, selon eux, qu'une réunion d'énergumènes , de factieux , de modernes Brutus , de Napoléonistes déhontés , qui , convoqués par un usurpateur, nommés par une faible minorité (et seulement dans les deux tiers des départemens) n'avaient jamais eu de titre légitime ; qui dans tous les cas auraient perdu ce titre le jour de l'abdication de Napoléon ; qui n'auraient jamais eu non plus le droit de reviser notre constitution ; qui voulaient sacrifier Paris , l'armée et la France à leurs intérêts , à leurs passions et au triomphe de leurs opinions démagogiques ; qui ont eu l'infamie de voter des remercîmens à Napoléon sur ses défaites ; qui dans leurs dernières séances , enfin, n'ont fait entendre que d'affreuses vociférations , n'ont enfanté que des actes de folie.

Sans doute que ces dégoûtantes déclamations ne parviendront pas à empoisonner, aux yeux de la saine partie de la nation , les intentions dont la chambre des représentans était animée. Cependant , comme l'accusation a reçu une grande publicité , comme elle est restée jusqu'ici sans réponse , il peut être utile de rappeler quelques principes, de rétablir quelques faits qui ont été dissimulés ou dénaturés, et qui jetteront un grand jour, soit sur la légitimité des pouvoirs de cette assemblée, soit sur l'usage qu'elle en a fait.

Le premier reproche qu'on lui adresse, c'est celui d'avoir été nommée à une époque où la France était au pouvoir d'un usurpateur.

Quelques personnes pourraient répondre qu'à cette époque Napoléon était arrivé sans obstacle jusqu'à Paris ; que les troubles du midi étaient apaisés ; que ceux de la Vendée n'avaient pas commencé ; que de tous les points de la France on faisait parvenir au nouveau gouvernement des adresses de félicitations semblables à celles qui, l'année précédente, avaient accueilli Louis XVIII ; qu'ainsi il était permis de se faire illusion sur les droits de Napoléon.

Mais, il faut l'avouer, la soumission apparente des citoyens, les vœux par eux consignés dans quelques adresses ne font pas foi de leurs véritables sentimens ; et ces sentimens, quels qu'ils pussent être, auraient eu encore besoin d'une sanction plus régulière. Ainsi il est très-vrai de dire qu'au moment où les colléges électoraux ont été convoqués , Napoléon n'était pas le chef légitime de la nation.

Peut-être même pourrait-on aller plus loin ; peut-être pourrait-on soutenir que malgré l'approbation donnée postérieurement par quinze cent mille citoyens à l'acte additionnel aux constitutions de l'empire , les droits de Napoléon étaient toujours problématiques ; que quinze cent mille citoyens ne forment pas à beaucoup près en France la majorité des personnss aptes à voter ; que d'ailleurs le mode établi pour constater les votes ne laissait pas la faculté d'émettre librement son opinion ; que, par conséquent, cet acte additionnel (quoique revêtu d'un plus grand nombre de suffrages que la charte de 1814 , émanée de la toute-puissance de Louis XVIII , et qui n'a jamais pu avoir en sa faveur qu'une adhésion tacite et présumée) n'était pas encore l'expression vraie de la volonté générale.

Enfin, on ne peut se le dissimuler, la majorité des Français eût-elle librement accepté l'acte additionnel, Napoléon n'en serait pas redevenu, par cela seul, le chef légitime de l'État, s'il est vrai (comme quelques personnes le soutiennent) que les droits d'un monarque au trône dépendent exclusivement du hasard de la naissance, qu'ils subsistent malgré la volonté contraire de la nation, et qu'ils ne sont même pas présuppositifs d'un contrat régulier intervenu originairement entre le peuple et son chef.

Que faut-il en conclure? que les nominations faites par les colléges électoraux ont été, dès lors, entachées d'un vice radical? Non, sans doute.

Dans un gouvernement représentatif comme celui de la France, il convient de distinguer les élections qui doivent être faites par le peuple ou par ses mandataires, de celles qui appartiennent exclusivement au monarque.

Celles-ci ne sont pas toujours régulières : la raison en est qu'elles peuvent quelquefois émaner d'un chef que la violence, que la force seule ont créé ; et que dans ce cas, il y a une véritable usurpation de pouvoirs.

Mais il en est tout autrement de celles que le peuple s'est réservées : peu importe que le chef de l'état soit légitime ou non ; le droit que le peuple avait d'élire est toujours subsistant, parce que sa qualité originaire n'est point altérée, parce qu'au milieu des bouleversemens politiques qui ont ébranlé le trône, il est même plus que jamais une autorité légitime par excellence.

Par conséquent, rien n'est plus clair : la régularité des élections faites par les colléges électoraux, dans ces derniers temps, dépend du seul point de savoir si on y a procédé régulièrement.

Vainement objecterait-on qu'à l'époque où les colléges électoraux ont été convoqués, il existait une chambre des députés dont les pouvoirs n'étaient pas expirés, et que le droit qu'a le peuple d'élire ses représentans, ne s'applique dans aucun état de cause au cas où il est déjà représenté.

La chambre des députés se composait des membres de l'ancien corps législatif, qui n'avaient pas été nommés directement par les colléges électoraux, qui avaient été élus pour un laps de temps déjà expiré à l'égard de la plupart d'entre eux, et dont une simple ordonnance du Roi avait prorogé les pouvoirs : on le demande à tout homme de bonne foi, étaient-ce là de véritables représentans de la nation?

Mais, observe-t-on, les opérations des colléges

électoraux seraient encore nulles, en ce sens qu'on y aurait méconnu ou violé toutes les règles précédemment établies; c'est ce qu'il faut examiner.

On prétend qu'aux termes des lois constitutionnelles alors subsistantes, les colléges électoraux ne pouvaient faire de nominations valables lorsque la majorité des membres dont ils se composent n'y avait pas siégé; qu'en effet le simple bon sens exclut l'idée que la minorité puisse faire la loi à la majorité; que cependant, dans la plupart des colléges électoraux d'arrondissemens et de départemens, c'est une faible minorité qui a nommé.

Le fait d'abord n'est pas exact : à quelques exceptions près, la majorité des électeurs a pris part aux élections. Cette majorité n'a pas toujours formé un nombre de votans considérable; mais c'est que, dans beaucoup de colléges, les décès, les changemens de domicile ou d'autres causes ont opéré des vides qu'on a jusqu'à présent négligé de remplir.

Ensuite, c'est une grande erreur de croire que dans la rigueur des principes, une élection n'est valable qu'autant qu'elle a été faite par la majorité des membres appelés à voter. Cette règle, qui doit en effet s'appliquer aux corps *délibérans* et amovibles dont les opérations ne se terminent pas dans un délai fixe, n'a jamais été faite pour ceux dont les fonctions sont à vie, et dont l'unique mission est de nommer à certains emplois, à une époque et dans un espace de temps déterminés. Pour ce dernier cas, il suffit que la majorité soit légalement convoquée ; car, autrement, il arriverait presque toujours que l'insouciance des uns, que l'absence ou la maladie des autres, enchaîneraient l'action du gouvernement, priveraient le peuple des bienfaits d'une représentation nationale.

Pour en donner quelques exemples, c'est ainsi que, d'après la constitution de 1791, on n'exigeait point des assemblées primaires et électorales qu'elles fussent, à aucune époque, en majorité pour faire leurs nominations, et qu'il en était autrement de l'assemblée nationale législative ; c'est encore ainsi que, sous l'empire de la constitution de l'an 3, les deux conseils législatifs devaient être en majorité pour délibérer, tandis qu'aucune condition n'était imposée, quant à ce, aux assemblées primaires et électorales.

Et maintenant, pour ne parler que des règles qui, dans ces derniers temps, régissaient les colléges électoraux, on s'est également trompé quand on a dit que leurs choix, pour être valables, devaient être faits par la majorité.

Cette obligation ne pouvait pas résulter, à leur égard, des dispositions de l'article 90 de la constitution de l'an 8, portant « qu'un corps » *constitué* ne peut prendre de *délibérations* que » dans une séance où les deux tiers de ses mem- » bres se trouvent présens »; et il y a plusieurs raisons à en donner.

La première, qu'à cette époque il n'existait ni colléges d'arrondissemens, ni colléges de départemens.

La seconde, qu'un collége électoral n'est pas un corps *constitué*, puisqu'il ne *délibère* pas, puisque sa seule mission est de faire certaines élections.

La troisième et dernière, que cet article 90 avait exclusivement en vue le sénat, le corps législatif et le tribunat d'alors, qui étaient, eux, de véritables corps *constitués*.

Mais ce que la constitution de l'an 8 ne décidait pas, le sénatus-consulte organique des colléges électoraux ne l'a pas mieux fait : on n'y voit nulle part que la majorité des membres d'un collége doive concourir aux élections; c'est donc qu'aux termes de ce sénatus-consulte, comme aux termes des constitutions de 1791 et de l'an 3, les élections d'un collége sont valables, quel que soit le nombre des membres présens.

Cette observation devrait suffire : cependant il n'est pas inutile de faire remarquer qu'aucun sénatus-consulte, qu'aucune loi postérieure n'a établi sur cela des règles différentes de celles consignées dans le sénatus-consulte du 16 thermidor an 10 : dès lors, comment concevoir qu'on ait pu sérieusement arguer de nullité les élections faites dans les colléges électoraux où la majorité des membres du tableau n'a pas siégé?

Le droit commun est très-certainement que, pour des élections de ce genre, il suffit de la majorité des membres présens : par conséquent, dans cette circonstance, il ne faudrait rien moins qu'une dérogation expresse aux anciens principes; or, on ne saurait trop le répéter, elle n'existe ni dans la constitution de l'an 8, ni dans les lois, ni dans les sénatus-consultes; et cependant elle ne saurait résulter que de cette espèce d'actes.

Peu importe en effet qu'un décret impérial postérieur ait décidé que les colléges électoraux ne pourraient clore leur scrutin que lorsque la majorité des membres du tableau aurait voté : un pareil décret n'est pas une loi, n'est pas un sénatus-consulte ; il n'a donc jamais pu être obligatoire pour les colléges électoraux, et encore moins pour des colléges électoraux réunis à une époque où l'autorité de qui ce décret est émané n'avait réellement en sa faveur aucun caractère de légitimité.

Suppose-t-on le contraire ? soutient-on que depuis le jour de son arrivée à Paris, et avant même la cérémonie du Champ de Mai, Napoléon a été de fait et de droit le chef suprême de l'État, et qu'en cette qualité il a pu exercer quelque juridiction sur les colléges électoraux ?

On accordera tout au moins alors qu'il a été autorisé à rapporter son propre décret, ou à en ajourner l'exécution : or, c'est ce qu'il a fait, puisque l'instruction ministérielle adressée dans le mois de mai dernier aux colléges électoraux leur enjoignait expressément, malgré toutes dispositions contraires, de clore leur scrutin quel que fût le nombre des votans.

Ainsi, dans aucun état de cause, ce décret impérial ne pouvait s'appliquer aux dernières élections faites par les colléges électoraux; ainsi ces

élections ne peuvent être querellées sur le fondement que, dans quelques colléges, les membres
présens n'auraient pas formé la majorité de ceux
inscrits au tableau.

On se retranche à la vérité derrière une autre
irrégularité; on prétend que le tiers des départemens s'ést refusé à nommer des représentans :
d'où la conséquence que la chambre n'était pas
complette.

Le fait fût-il vrai, la critique n'aurait aucune
espèce de fondement; car un des principes les
plus constans en pareille matière, c'est celui
qu'une assemblée délibérante est régulièrement
formée, dès l'instant que la majorité des membres
dont elle doit se composer se trouve réunie.

Mais cette étrange assertion prouve à elle seule
toute la mauvaise foi des reproches adressés à la
chambre des représentans : il est faux qu'aucun
collége d'arrondissement ou de département ait
négligé de faire les élections : quelques uns seulement étaient en retard pour l'envoi de leurs pro-
cès-verbaux, et dès les quinze premiers jours de
la session , tout à cet égard a été régularisé.

Jusqu'ici donc, rien de plus frivole que les diverses objections faites contre les élections des membres de la chambre des représentans ; et il sera facile de s'en convaincre, on n'a pas été plus heureux dans les prétendus empiétemens de pouvoirs qu'on lui a reprochés.

On a dit qu'elle avait été créée par Napoléon, et qu'elle avait dû finir avec lui ; que, depuis l'abdication de Napoléon, par conséquent, tout ce qu'elle avait fait était illégal.

Passons sur le danger qu'il y aurait eu à faire dans ce moment l'application d'un pareil principe : mais où a-t-on pris que la validité des élections faites directement par la nation, et en vertu d'un droit antérieurement acquis, était subordonnée à un événement comme celui de l'abdication de Napoléon ? Une élection régulièrement faite ne peut être annulée qu'autant que l'autorité qui a nommé n'était pas légitime : or, très-certainement une nation dont le gouvernement est représentatif, est autorisée à se nommer des représentans, quel que soit le chef qui tient les rênes de l'Etat.

Qu'a-t-on encore reproché à la chambre des

représentans ? de s'être arrogé le droit de reviser nos constitutions, conjointement avec la chambre des pairs et le pouvoir exécutif.

Or, sans insister sur d'autres considérations tout aussi puissantes, il est étrange que ce droit lui soit contesté, par des personnes qui supposent, qu'une des trois branches de la puissance législative a pu, non pas seulement réviser notre constitution, mais *la faire* ; il est encore plus étrange que ce droit lui soit contesté, quand on admet d'un autre côté que trois corps distincts doivent concourir à la formation de la loi. C'est donner à entendre qu'une constitution est moins qu'une loi, et que le respect dont on l'entoure est une ridicule superstition.

Il faut donc être de bonne foi, et avouer que la chambre des représentans a été régulièrement nommée, qu'elle a pu siéger après même l'abdication de Napoléon ; qu'enfin elle a pu s'occuper de la révision de la constitution.

Reste, à la vérité, la question de savoir si le mandat qu'elle avait reçu, elle l'a bien et fidèlement rempli : mais si c'est ici que les reproches s'accumulent, c'est également ici que

les réponses sont plus décisives et plus victo-
rieuses.

On accuse la chambre des représentans d'avoir
constamment rampé aux pieds de Napoléon !....
On ne se rappelle donc pas que son choix pour
un président, s'est porté sur un homme bien
connu par la noble résistance qu'il avait constamment opposée au despotisme de l'Empereur !
On oublie donc que dans son adresse à Napoléon,
elle lui a tenu un langage dont ses oreilles ont été
effarouchées ? On oublie donc qu'elle a repoussé
avec une sorte d'indignation la proposition qui
lui était faite, de conférer à Napoléon le sur-
nom de *sauveur du peuple*, et qu'elle aurait pu
cependant s'autoriser de l'exemple que la chambre
des députés lui avait donné un an auparavant !
On ne lui sait donc aucun gré de cette abdication
qu'elle a provoquée et obtenue à une époque où
tant d'intérêts et de passions s'y opposaient !

On prétend qu'elle a voulu régner par la ter-
reur !.... Et cependant, malgré l'ordonnance du
Roi, qui condamnait Napoléon et ses adhérens
à la peine capitale, elle n'a point voulu user de
représailles ; elle n'a pris contre les partisans de
Louis XVIII que des mesures de surveillance dont

elle s'est même efforcée d'adoucir la sévérité ! et cependant elle a décidé que l'abolition de la confiscation serait l'objet d'un des articles de la constitution ! et cependant enfin, à la simple lecture d'un projet qui mettait les Vendéens *hors de la loi*, tous ses membres se sont écriés qu'ils n'étaient pas des *assassins* !

On lui fait un crime des remercîmens qu'elle a votés à Napoléon après son abdication !.... Eh ! ne sait-on pas que ces remercîmens ne s'adressaient ni à l'Empereur ni au Général ; qu'ils avaient pour unique motif d'empêcher une rétractation qui aurait été suivie des plus grands malheurs ? Ne sait-on pas que la bienséance commande souvent des démarches que l'austère raison désavoue ?

On aurait voulu du moins qu'après cette abdication, la chambre se prononçât de suite en faveur de Louis XVIII !.... qu'en serait-il résulté ? que Napoléon aurait regardé son abdication comme nulle, qu'il serait allé se replacer à la tête des troupes, et que le sang aurait coulé de nouveau par torrens. Au surplus, la chambre était liée par un serment qu'elle avait prêté avec tous les fonctionnaires de l'état, et dont l'abdication de Napoléon ne l'avait nullement relevée :

aux termes de ce serment (et tant que la nation n'avait pas manifesté un vœu contraire d'une manière authentique) elle ne pouvait reconnaître pour chef que le fils de Napoléon : elle n'avait qu'un parti à prendre pour tout concilier ; c'était celui de consulter la nation sur un changement de dynastie, en même temps qu'elle la consulterait sur la constitution dont elle discutait les bases. Or, c'est ce qu'elle aurait fait, si les événemens le lui avaient permis ; car plusieurs des articles de cette constitution indiquaient clairement la possibilité du retour de Louis XVIII.

Mais s'occuper d'une constitution, c'était mettre des conditions à ce retour, et dans le nombre il y en avait d'inadmissibles ; telles étaient l'abolition de la noblesse, le licenciement des gardes du corps, et l'obligation d'adopter la cocarde tricolore... Sur l'un et sur l'autre point l'impartiale histoire prononcera : elle dira si la chambre des représentans a eu tort de demander des concessions réclamées à grands cris par la classe la plus nombreuse de la société, et sur lesquelles les personnes qui approchent Louis XVIII de plus près, se sont rendues auprès de lui les interprètes de l'opinion publique. Elle dira, enfin, si de la part de la chambre des représentans, ce fut une témérité trop grande de consacrer le principe que le grand œuvre d'une constitution ne doit pas émaner exclusivement du monarque, et de signaler les imperfections d'une charte à laquelle on croit devoir faire dès à présent d'importantes modifications.

On se plaint de ce que la chambre des représentans, a cherché à prolonger dans son intérêt une lutte devenue tout-à-fait inégale ?.... Ce reproche est au moins injuste : dès le lendemain de l'abdication de Napoléon, elle a chargé le gouvernement provisoire de traiter avec les puissances étrangères, et elle n'a cessé d'émettre le vœu que la paix vînt mettre promptement un terme aux malheurs de la France. A la vérité elle aurait désiré que la capitale pût échapper au fléau d'une occupation militaire, et tant qu'elle en a entrevu la possibilité, elle a cru devoir faire un appel au courage de l'armée et des citoyens. Avait-elle tort ?

On s'étonne qu'au plus fort de la crise toutes ses délibérations n'aient pas été également calmes et majestueuses : on a parlé de ces sénateurs romains qui se laissèrent massacrer sur leurs chaises curules, où ils avaient conservé toute la gravité de leur caractère !..... Mais après la bataille de

Cannes, les Romains ne désespérèrent pas du salut de la patrie, et leur attitude resta constamment noble et ferme ; chez nous, au contraire, une bataille perdue plonge dans le plus profond abattement, ou met toutes les passions en mouvement. Français, n'exigez pas de vos représentans des vertus que vous n'avez pas vous-mêmes, et qu'aucune de vos assemblées délibérantes n'a pratiquées.

Ce sont des actes de déraison et de folie qui ont terminé la session de la chambre des représentans !..... Quoiqu'en puisse dire la malignité et l'esprit de parti, la chambre des représentans n'a rien à redouter du jugement qu'on portera sur les derniers actes émanés d'elle ; le projet de constitution qu'elle a discuté dans ses trois dernières séances, valait peut-être la charte de 1814 ; il n'est, ni l'œuvre de la démence, ni le Code de l'anarchie.

On ajoute que la chambre des représentans s'est mise en révolte ouverte contre Louis XVIII en ne se séparant pas d'elle-même au moment où le gouvernement provisoire lui a annoncé qu'il cessait ses fonctions !..... Soyons justes : la chambre pouvait-elle oublier qu'elle tenait ses pouvoirs du peuple, et que de pareils pouvoirs survivent

au chef sous l'empire desquels ils ont été con-
férés? Pouvait-elle oublier qu'aux termes de la
charte de 1814, comme aux termes de l'acte
additionnel, sa dissolution, pour être légale,
devait lui être notifiée par la puissance exécu-
tive? et quand l'autorité compétente gardait le
silence, pouvait-elle prendre une honteuse ini-
tiative, et prononcer contre elle-même une peine
qu'elle ne croyait pas avoir méritée?

S'agit-il maintenant des membres de la chambre qui ont signé la protestation du lendemain?
Ils se sont bornés à constater que l'entrée de la
salle leur avait été refusée, et qu'une force su-
périeure les obligeait à se séparer. Ils n'ont point
cherché à retarder la marche des événemens, à
comprimer l'expression des sentimens qui parais-
saient se manifester, et à retenir une autorité qui
pouvait flatter leur amour-propre : ils n'ont eu
qu'un but, celui de prouver à leurs commettans
qu'ils avaient été, jusqu'au dernier moment,
fidèles à leur mandat : ce devoir une fois rempli, ils se sont unis d'intention à tous les bons
citoyens, et ils font, comme eux, des vœux
bien sincères pour que des jours plus doux lui-
sent enfin sur notre malheureuse patrie, pour

que la concorde nous ramène à sa suite l'abon-
dance et la liberté.

Que reste-t-il donc de tant et tant de reproches adressés à la chambre des représentans ?
Nommée légalement par des colléges électoraux
convoqués d'une manière régulière , tant que
Napoléon a tenu les rênes de l'État, elle a com-
battu le despotisme et repoussé l'adulation : après
avoir provoqué et obtenu son abdication , et dans
des circonstances plus que délicates , elle a cherché
à tenir un juste milieu entre les exagérations
de chaque parti ; et si la guerre civile n'est pas
venu mêler ses horreurs à celles d'une invasion
étrangère , c'est peut-être à elle qu'on en est re-
devable.

Elle a pu se tromper quelquefois : mais ses intentions étaient pures ; mais elle marchait entre
deux écueils également redoutables ; mais enfin ,
avec de plus grands talens et des intentions non
moins droites, l'assemblée constituante s'est aussi
trompée.

Un jour viendra où l'on pèsera, dans le calme
des passions , les prétendus torts de la chambre
des représentans , où on leur opposera les ser-
vices non contestés qu'elle a rendus à la chose
publique.

Alors peut-être on dira que, maîtrisée par les événemens, elle n'a pas fait tout ce qu'on attendait d'elle, mais qu'il était difficile de faire mieux.

DE L'IMPRIMERIE DE J. GRATIOT.